Oceânico

Um mergulho
na essência do Zen

Ricardo Valverde

Oceânico
Um mergulho na essência do Zen

Coleção
NOVOS TALENTOS DA LITERATURA BRASILEIRA

novo século

Copyright © 2004 by Novo Século Editora Ltda.
Mediante contrato firmado com o autor.

Direção geral: Luiz Vasconcelos
Supervisão editorial: Silvia Segóvia
Assistente editorial: Lívia Wolpert
Projeto gráfico e Produção editorial: S4 Editorial
Capa: Renata Pacces
Revisão: Bel Ribeiro
Regina Soares

Dados Internacionais de Catalogação na Publicação (CIP)
(Câmara Brasileira do Livro, SP, Brasil)

Valverde, Ricardo
  Oceânico : um mergulho na essência do zen / Ricardo Valverde. –
Osasco, SP : Novo Século Editora, 2004. – (Novos talentos da
literatura brasileira)

1. Citações 2. Máximas I. Título. II. Série.

04-4625   CDD-869.9802

Índice para catálogo sistemático:
1. Citações : Literatura brasileira   869.9802

2004
Proibida a reprodução total ou parcial.
Os infratores serão processados na forma da lei.

Direitos exclusivos para a língua portuguesa cedidos à
Novo Século Editora Ltda.
Av. Aurora Soares Barbosa, 405 – 2º andar – Osasco/SP – CEP 06023-010
Fone: 0xx11–3699.7107

Visite nosso site
www.novoseculo.com.br

Impresso no Brasil/Printed in Brazil

Dedico à vida de todos os seres,
os visíveis e os invisíveis,
ao amor verdadeiro e infinito,
e a Buda.

Amanheceu...

...Os pássaros cantam alegremente o nascimento do sol. O sol, por sua vez, se prepara para nos aquecer e nos despertar. Nós, homens, despertamos para a vida que, miraculosamente, nos dá de presente um novo dia, e com ele a oportunidade de ajudarmos uns aos outros...

Bom-dia!

Quem ama os pássaros
ama o modo como eles voam,
ama a união deles com o vento
e não a cor de suas penas.
Quem ama os peixes
ama o modo como eles nadam,
ama a união deles com o mar
e não a cor de suas escamas.
Não existe amor verdadeiro
sem liberdade...

O pássaro nasceu para voar...

...e você, para amar o vôo dele...

O que você possui?
O que você levará desta vida?
Nada!
O que o outro possui?
O que o outro levará desta vida?
Nada!
Então, por que existe inveja
nos seres humanos?...

A gota d´água
Em contato com o mar
dissolve-se em água e sal.
Não há como retirá-la de lá,
ela é o próprio mar.
O homem
em contato com a humanidade
deveria dissolver-se em amor.
Não haveria meios de retirá-lo de lá,
ele se tornaria o próprio amor...

A felicidade é como
o nascimento de uma flor.
Não há objetivos e metas capazes de
alcançá-la.
Não é uma descoberta.
É um **desabrochar natural,**
uma percepção, um estalo.
Então, pare e perceba!
Ela está exatamente aí onde você está.
No seu jardim interior.
Quando semeada,
ela se põe a crescer
proporcionalmente à sua capacidade
de enxergar beleza além de suas obrigações
e tarefas diárias.
E quando ela não couber em você
vai compartilhar suas pétalas douradas
com todos os outros seres...

Eliminando a necessidade
de sempre ter **razão,**
andarás com liberdade,
afastarás do teu íntimo
a batalha,
a discussão.
Brotará paz em teu coração
e viverás como homem sábio.
Pois estarás assim
além de qualquer disputa...

A tua essência
está no não-conhecimento.
Daí surge a sabedoria.
Terás que começar a **Desaprender**
neste doce momento.
Desaprender a pensar como pensas,
desaprender aquilo que hoje valorizas,
desaprender aquilo que hoje acumulas,
desaprender o modo que amas e te enganas.
Para então silenciar-te,
para tornar-te imparcial,
para transformar-te em amor verdadeiro e
infinito,
para ser apresentado ao teu íntimo
e passar a viver em benefício de todos os
seres...

Tu te tornas forte
quando é capaz de aceitar com amorosidade
algo que é inevitável.

A impermanência!

Tu tivestes que nascer,
embora o útero materno fosse
seguro e quente.
Tu tivestes que crescer,
embora permanecer criança fosse
mágico e belo.
Tu tivestes que envelhecer,
embora soubesses que deixarias de ser
ágil e independente.
Tu tivestes que morrer,
embora, a princípio, te parecesse doloroso.
Essas mudanças são condições
de qualquer ser vivo.
Aceitá-las
é não deixar de viver plenamente
cada uma destas etapas,
aprendendo, compartilhando e amando.
Pois, só assim, tu te tornas capaz de conhecer
a grandeza e o milagre do infinito...

Viver é mais simples do que parece.
Consiste em repetidas vezes
inspirar e expirar.
É só isso de que precisamos.
Tudo que pensamos e como agimos
só é possível porque estamos
inspirando e expirando.
Até o dia em que o repetirmos
pela última vez.
Não será o fim.
Será apenas mais uma mudança.
Pois assim é a vida.
Inspirar e expirar
e aceitar as mudanças.
Por aí é que caminham
o amor, a verdade e a felicidade...

Ao olhar para as águas de um rio
enxergas
pureza, transparência,
neutralidade e vitalidade.
Assim deves agir
ao olhar para seus semelhantes.
Não havendo julgamento
te tornarás **imparcial**...

A vida é um sonho real,
não representa a realidade.
Estamos em um **carrossel**
girando em círculos,
adormecidos.
Apenas porque é o que aprendemos.
Todos assim o fazem!
O despertar da realidade
é nos libertarmos do carrossel.
Atingirmos plenamente a nossa
essência oceânica.
Criarmos asas e voarmos livremente...

A contribuição ao **planeta**
como ser senciente
acontece de forma completa.
Sendo exatamente o que tu és,
fazendo exatamente
o que acreditas que devas fazer.
E não o que os outros querem que
tu sejas e que tu faças.
Do contrário,
quem veio ao planeta em ti,
tu ou eles?...

Aquele que ama
se torna um homem maravilhoso.
Enxerga a vida com maior clareza.
Mas, mesmo assim,
ainda há seleção e escolhas.
Este eu amo, aquele não!
Aquele que se transforma em amor
se dissolve em **homem sábio**.
Reencontra-se com a claridade e a luz.
Não lhe sobram escolhas, nem seleções.
Ele passa a amar todos os seres...

Quando estiveres com os pés em areia
fecha os olhos,
transforma-te em areia,
dissolva-te nela.
Nesse instante, sentirás amor e compaixão
por toda a natureza.
Quando estiveres com o corpo em água
fecha os olhos,
transforma-te em água,
dissolva-te nela.
Nesse instante, sentirás amor e compaixão
por todo o infinito.
Quando estiveres
na presença dos homens,
fechando ou não os olhos,
transforma-te em amor,
dissolva-te nele.
Nesse instante, sentirás em teu interior a
presença dos céus...

Reserve um **tempo** só para ti.
Senta-te em silêncio.
Tentes colocar teus pensamentos,
tuas tarefas, obrigações e teus problemas
todos do lado de fora da porta.
Pares de pensar e agir.
Inspire e expire repetidas vezes.
Conheças tudo o que tu és...

Se tu tens liberdade
poderás doá-la ou não.
Se tu és liberdade
só poderás doá-la.
Se tu tens amor
poderás doá-lo ou não.
Se tu és amor
só poderás doá-lo...

A vida está cheia de desafios.
Ela contém grandes dificuldades
e uma enorme reserva de obstáculos.
A cada dia nos deparamos com diversas
portas fechadas.
Isto não é ruim!
Desde que lembremos que a chave
capaz de abri-las
está em nosso próprio íntimo.
O sorriso.
É ele que transforma portas fechadas
em pontes e passarelas.
E se um dia, mesmo sorrindo,
uma porta não se abrir,
sorria deste fato
e procure sorrindo outra porta...

O sofrimento não está ausente em nós.
A dor não está ausente em nós.
A vida contém **dor e sofrimento**.
As suas causas não estão
em nossos problemas,
em nossas preocupações,
em nossos afazeres.
Elas estão na nossa incapacidade de nos
enxergarmos além de nossos problemas,
nossas preocupações
e nossos afazeres...

Onde e por que você se acha
superior a uma formiga?
O que o faz pensar que ela é só ela
e você é só você?
Você não é separado dela.
Ela é formiga porque e para que
você seja homem.
Você é homem porque e para que
ela seja formiga.
Você é com ela!
Nada está separado!
Tudo é uno!
Estamos todos na mesma viagem.
É uma necessidade vital respeitarmos,
ajudarmos e amarmos uns aos outros...

Enquanto houver energia,
enquanto houver espaço, tempo e vida,
que eu possa **estar presente**,
não importa a forma e o local,
para contribuir e amenizar
a dor e o sofrimento
de todos.
Pois eu sei
que só poderei voar
quando todos nós nos dermos as mãos
e assim construirmos asas...

―――

O pássaro que existe em ti
está apenas adormecido.
Tão adormecido quanto tu,
que caminhastes ao longo dos tempos
em direção a posses, desejos
e te tornastes indiferente ao outro.
Esquecestes que ele é a tua essência.
Ele, pacientemente,
te aguarda caminhar de volta
para tornar-te livre e fazer-te voar...

―――

Tu és verdade e realidade.
O que pensas que é,
é apenas um sonho que te parece real.
Aquilo que tu fazes, possuis,
queres possuir,
bem como tuas preocupações
e teus problemas,
são subconjuntos de teu sonho.
O que os outros pensam que tu és
não diz respeito a ti nem a eles.
É como um chuvisco caindo em uma montanha distante e desabitada.
Nenhuma gota será capaz de molhá-lo.
O caminho para te **reencontrares**
é simples.
Despertar!
Consiste em apenas seguir teu coração
repleto de amor, generosidade,
imparcialidade,
e oferecê-lo a todos os seres vivos...

Qual o objetivo da vida?
Tu te torturas para descobrir.
Tu acabas maltratando os outros
porque te enganas sobre a resposta.
O que não sabes
é que nunca irás sabê-lo.
Não existe **objetivo** para a vida.
A vida é o seu próprio objetivo em si.
Mas tu não te conformarás com isso.
Tu precisas de controle.
A vida para ti deve ser lógica.
Mas, na verdade, ela é ilógica.
Tão ilógica quanto o amor e a iluminação.
Não há controle algum sobre eles.
Como explicarás a vida,
o amor e a iluminação?
Não há como!
Tu precisas fluir com tudo isso.
Isso é tudo!
Tu és tudo!
Tu és vida, amor e iluminação...

Pares um pouco de correr
atrás de tuas obrigações, de tuas tarefas,
de teus problemas.
Observes um pouco a vida,
o amanhecer, o entardecer, o anoitecer
e os fenômenos que os cercam.
Estarás pronto para ver beleza em cada
pequena manifestação da vida...

Um olhar generoso, sincero,
uma motivação genuína e altruísta de amar
a todos os seres.
A crença de que todos os seres, os visíveis
e os invisíveis,
podem ter sido nossas mães
em outras vidas.
A naturalidade de fluir
com a imparcialidade.
A sabedoria de aceitarmos mudanças
com positivismo e paciência.
A grandeza de sorrirmos para todos,
para a vida e para a morte.
Uma passagem doce e feliz.
Graças a isso, um dia chegaremos em
casa...

A partir do nosso nascimento,
a cada segundo que passa,
estamos envelhecendo e,
conseqüentemente
nos aproximando da morte.
Temos uma vida inteira para aceitarmos e
vermos beleza nesses
fenômenos condicionais.
Infelizmente vivemos no segundo
anterior ao agora.
Ou então
sonhamos com o segundo posterior.
Porém, em nosso sonho
não está contido o nosso envelhecimento.
Queremos estar lá como estamos agora.
É triste saber que o homem,
com a capacidade infinita que tem,
complica coisas tão simples, naturais e
fundamentais...

O fogo queima
porque essa é a sua natureza.
A água molha
porque essa é a sua natureza.
Qual a **natureza** dos homens?
Ganhar dinheiro?
Acumular bens e posses?
Fazer guerras?
Acredito que não!
Amar incondicionalmente,
essa é a natureza dos homens...

Quando oras ou meditas
tu retornas à sua naturalidade.
Tu apenas vive.
A oração e a meditação
cortam teus laços
com a raiva, a posse, o apego,
o desejo, o ego.
De uma hora para a outra
nada te sobra.
Ou melhor,
somente te sobra nada.
A luz penetra em ti
e tu te transformas em amor...

... Tudo é silêncio...

... Podes sentir isso?

O **sol** é a tua essência,
o teu íntimo.
As janelas e as portas
são teus pensamentos, tuas ações
e o modo como vês a vida.
Ao abrir tuas janelas e portas
não te enganes!
Tu não criarás o sol,
ele já é a tua essência.
Ele já existe em ti.
Tu apenas permites que ele
penetre em teu real.
Então não te sobram escolhas.
Tu passas a refleti-lo através
de amor e consciência...

Aquele que age
como **um espelho**
torna-se puro e amoroso,
coloca-se além do perdão.
O espelho não pode refletir o ontem, o hoje e o amanhã.
Ele está sempre pronto a refletir o agora.
Então, cada instante que ficou para trás, ficou para trás.
Conseqüentemente, não haverá razão nenhuma capaz de fazê-lo deixar de amar uma formiga ou um inseto sequer...

Tu vais aos templos, mesquitas e igrejas,
afim de descobrir que teu coração
não é só físico.
Após este descobrimento,
todas as tuas ações e pensamentos
se tornarão religiosos.
O coração dos homens
ainda será como o vento:
puro, transparente, vital e imparcial.
Ausente de escolhas e partidos,
o **vento** sopra seu amor
e esplendor igualmente
aos pássaros, às flores, aos insetos,
às árvores e aos homens.
Isto que o faz tão imprescindível...

Deixa de lado
as preocupações com tuas
obrigações e teus problemas.
Ame o simples!
Permita-o transbordar em ti.
Tu serás capaz de amar cada folha seca
caída ao chão.
O teu olhar, as tuas ações e pensamentos,
serão uma ponte para ele.
Essa ponte é abundante, infinita, pura e
livre de todos os males...

O **eco** pertence unicamente ao som.
Aquele que lhe oferece
palavras de desconforto,
é quem se sente desconfortável.
Ele está te usando como a um espelho e
insulta a si próprio.
Aquele que se encontra
em paz e harmonia,
deve rebatê-las com amor e compaixão.
Não porque seja uma
espécie de caminho,
mas porque é assim que ele se sente:
amoroso e sereno...

Ao orar, meditar,
doar-te em amor e compaixão,
sem qualquer interesse pessoal,
tu te tornas presente em tua própria casa.
Uma casa infinita, onde não há paredes,
janelas e portas,
apenas amor puro e altruísta.
A partir desses momentos, tu passas a ter
algumas sublimes revelações.
Tu passas a perceber que **não és**.
Esse estado de não é, vazio e puro,
é uma libertação,
uma consciência.
A consciência de que tu és tudo,
muito além do tudo que
sempre pensaste que fosses...

O sofrimento está no desejo.
O desejo obtido traz o mesmo sofrimento
que o desejo não obtido.
Ao não obter o que se deseja,
há sofrimento, pois o fracasso torna-se a
razão da infelicidade.
A mente crê que a felicidade estava em
obter aquele desejo.
Então, ela se vai.
Ao obter o que se deseja,
há sofrimento, pois tu percebes que
o que estivestes procurando
não veio com o desejo obtido.
A mente crê que a felicidade
deva estar em outro desejo.
Então, ela se vai.
Assim, a vida é que se vai...
A felicidade não está
em nenhum lugar além de ti.
Ela é a própria vida!...

Quanto mais tu fechas tuas mãos,
menos ar consegues reter dentro delas.
Ao abri-las, tu percebes que todo ar do
Universo te está disponível.
Assim é o amor...
O amor é infinito.
Isto quer dizer que ele é maior
que só tu e só eu.
É uma grande ilusão querermos
pegá-lo ou controlá-lo.
Devemos mergulhar nele como se
ele fosse o oceano.
Desta forma, desapareceremos nele,
conseqüentemente nos tornamos ele:
Puro, transparente, vital e livre...

Aquele que elogia
é quem está sendo beneficiado.
Naquele momento, não existe nenhum
ego, nenhum eu dentro dele.
Há apenas amor e admiração.
Aquele que recebe o **elogio**
deve ficar grato pelo benefício ao outro.
Mas, em nenhum momento,
deve pensar que o ar respirado
torna-se mais puro ou mais brilhoso.
Na verdade, ele continua o mesmo...

O estado oceânico
é um estado de consciência inesgotável.
Representa liberdade e felicidade plenas.
Algo capaz de conter
amor altruísta, compaixão, sensibilidade,
generosidade, respeito e imparcialidade,
o que nos motiva a uma disposição
genuína de beneficiar os outros seres.
Este estado representa
a busca de cada ser senciente.
Porém, lembre-se!
Ele não está perdido, conseqüentemente
não deve ser encontrado.
Ele já é você!
Pare por algum tempo de fazer e pensar.
Inspire e expire.
Ele está exatamente aí...

Entardeceu...

...O sol pacientemente aguarda a chegada da lua que prepara a noite. Os pássaros silenciam-se para assistir à emanação do brilho das estrelas. Os homens, com os corações aquecidos e repletos de luz, preparam-se para acompanhar a noite que se aponta, e dividir com a lua e as estrelas a tarefa de iluminar o mundo enquanto o sol descansa...

Não desanimes!

Se queres ver um mundo melhor,
tens que começar a agir agora.
Tua contribuição é essencial.
Se deixares para amanhã
nunca verás este mundo.
O pior!
Nunca verás um outro alguém
viver neste mundo
que tuas mãos ajudaram a construir...

―――

A vida não precisa ter fim.
A caminhada não precisa de um fim,
um destino.
A vida é o fim.
O caminhar é o fim.
Se a tua vida,
se a tua caminhada
precisam ter um fim,
então elas já estão no fim
sem que tenhas chegado a ele.
Perdestes o ponto!
Não percebestes a vida!
Ela passou por ti
e não a vistes porque estavas
ocupado com o fim da caminhada,
e não com a beleza de cada passo...

―――

O mundo está cheio de **barreiras**,
fronteiras, prisões, dificuldades.
Tu não tens acesso a tua própria casa.
Tudo foi criado para evitar
o teu livre acesso.
Quantas barreiras recebestes
e criastes até hoje?
"Não sujes tuas roupas..."
"Não brinques na chuva..."
"Não rias em público..."
"Não sejas tão transparente,
vão abusar de ti..."
"Eu tenho que ser o melhor..."
O teu sorriso nunca foi completo.
Sempre existiu
uma fronteira não atravessada.
A mente criou tudo isso.
A mente nada mais é
do que uma criadora de barreiras.
Relaxe tua mente, esvazie tua mente.
Então, terás livre acesso a ti por completo...

Eu sou o espaço que envolve a mim.
Tu és o espaço que o envolve.
Um pássaro é o espaço que lhe envolve.
Do contrário,
seríamos como uma massa de cimento.
Dura, inflexível, fria.
Isto não quer dizer que este espaço nos separa.
Na realidade,
o **espaço** que envolve a mim
é o mesmo que envolve a ti e ao pássaro.
Isto nos leva a crer que sou com você, com o pássaro e com todos os seres.
Ele nos une.
Ele nos desperta a perceber uns aos outros.

Uma frase só é entendida
porque há espaço entre as palavras...

A felicidade
é um trem que passa neste instante.
Sua porta se abre
assim que pararmos de viver
o antes e o depois.
Vivendo aqui e agora.
Neste instante!
Entramos no interior do vagão.
E mesmo com tantas
obrigações e responsabilidades
passeamos pela vida
levando amor e compaixão
para todos os seres
presentes nessa viagem...

Abaixo segue o que precisas para ser feliz...
_____

_____
Acima segue o que precisas para ser feliz...

Por diversas vidas
temos caminhado sobre rios, lagos,
montanhas, cidades,
a fim de encontrarmos razões,
verdades e felicidades.
No entanto,
ao longo de nossas **caminhadas**
esquecemos do essencial.
Encontrarmos a nós mesmos novamente.
Sem isso,
não seremos capazes, como ainda não
somos, de enxergar e ouvir a beleza dos
outros seres e do mundo em si.
Através deste reencontro, encontraremos a
paz, a felicidade que tanto almejamos.
E teremos em mãos o mapa de todas as
razões e verdades...

A verdade é uma experiência
leve, pura, infinita...

Ela está além
de qualquer ponto de vista...

A **espiritualidade**
corresponde ao teu
desaparecimento por completo.
O teu ego se diluirá em amor.
Os teus preconceitos se diluirão
em neutralidade e pureza.
A tua raiva se diluirá em compaixão,
generosidade e tolerância.
O teu conhecimento se diluirá
em sabedoria.
A tua ambição se diluirá em humildade.
Tu te reencontrarás com a tua essência.
A tua luz
será capaz de confortar
cada passo dado pela humanidade...

Por que queres ser melhor que o outro?
Por que vives como se a vida
fosse uma competição ou uma corrida?
Chegarás em primeiro aonde?
Até onde poderás levar tuas medalhas?
Achas mesmo que isto lhe trará felicidade?
Por que achas que a tristeza de outro
corresponde a sua vitória
e a sua felicidade?
A terra é redonda,
aonde você quer chegar?
A felicidade plena é a união
da tua felicidade com a dos outros.
As suas medalhas apenas inflam teu ego,
afastando-te mais e mais de ti mesmo.
Abra os olhos e enxerga a vida!

Há um espaço
entre a tua existência
– Tu –
e tudo que pensas, fazes e procuras.
– Mente –
Este vazio puro, silencioso,
amoroso e infinito
permite-lhe um reencontro
com a tua real essência.
A sabedoria, a luz, o amor
e a capacidade de despertar
afloram em teu íntimo
criando em ti uma consciência e uma
necessidade de colocar
o teu estado oceânico, o eu real,
em tudo o que pensas, fazes e procuras.
Pois tu és **além da mente**...

A liberdade plena
está justamente
no desligamento de seu ego.
Tu deixarás de sair em busca
do mundo para ti.
Tu passarás a buscar em ti
o mundo.
E então,
irás oferecê-lo aos outros...

O valor que tu entregas ao **rubi**
é superior à quantidade
de água no planeta Terra.
Tu entregas o teu sono,
tu entregas o teu dia todo,
tu entregas a tua mente
que, infelizmente,
aprendeu a pensar só em alcançá-lo.
Tu transportas para ele a felicidade
e ele se transforma na tua única realidade.
Tu entregas a ele teus olhos,
como poderás enxergar outra coisa?
O pior é que
quando a tua vida se aproximar da morte
perceberás que não poderás levá-lo.
Desejarás profundamente
trocar os rubis por ti alcançados
por ao menos um dia de vida real...

Um pássaro azul
corta o céu em uma manhã chuvosa.
O sol se abre instantaneamente.
Um homem pobre torna-se rico.
Não da maneira
como habitualmente pensamos.
Não há posses e bens em sua presença.
Um peixe torna-se
capaz de respirar fora da água.
Os pássaros
fazem dos mares um de seus lares.
A verdade e o amor
brotam da terra em forma de flor.
Já vistes algo parecido?
Olhe para dentro de ti...

Em uma noite
a lua é cheia.
Em noite seguinte
a lua é minguante.
Esta transformação
é uma sábia ação
que demonstra o quão breve somos.
Mesmo assim
nossa mente está **agarrada**
ao que brilhou na noite passada.
Tu agarras a rosa
e crês que ela é eternamente viva.
Tu não te conformarás com a morte dela.
Então, irás segurá-la com força,
espetando-te no espinho.
As mudanças e a morte doem,
mas trazem enormes aprendizados.
Aqueles que só vêem dor
sonham estar vivendo na realidade...

Nada está separado.
Tudo é uno!
Como podemos nos separar
do ar que respiramos?
Da água que bebemos e nos torna limpos?
Da terra que nos permite caminhar?
Do homem que plantou
o alimento que hoje comemos?
Dos outros seres? Das florestas? Do sol?
Se eles não existissem, onde estaríamos?
Se nós não existíssemos,
onde eles estariam?
Então, **o que somos nós?**
Não há nada em todo o mundo
que não seja nós...

O homem comum,
simples e natural
vive em plena consciência.
Desfruta do essencial,
enxerga beleza na existência,
conhece a verdade e o amor supremos.
O homem especial
nega o simples e a natureza.
Vive em inconsciência.
Cria um mundo ilusório
para fugir do simples, que, de fato, é ele.
Afasta-se da verdade e do amor supremos.
Apenas sonha conhecê-los...

A mente
é como uma flor de plástico.
Não nasce, não cresce e não morre.
Parece eterna!
Apenas parece!
Qual o perfume de uma flor de plástico?
A mente apenas acumula
conhecimento e sonhos.
A sabedoria nasce da consciência.
A consciência nasce da não-mente.
Do despertar!
Quando isso acontece
a tua flor se torna real.
Ela passa a nascer, crescer e morrer.
Este é o **perfume da eternidade**...

Tu ficarás enamorado
com a vida
quando perceber que não precisas
ir a lugar algum
para encontrar aquilo que já és:
Oceânico.
Tu fazes parte da existência!
És importante para ela!
Caso contrário, não estaria aqui e agora.
Então, cada segundo passará a ser para ti
uma celebração...

Na periferia
tu és diferente e separado de mim.
No **centro**
tu és luz.
A luz não pode ser dividida,
muito menos separada.
Ao descascares todas as cascas que tu
mesmo construístes para ti,
alcançarás tu
que não és mais tu.
Alcançarás a existência, a consciência
e a liberdade de apenas ser
comum e uno.
Pois o centro representa a totalidade...

Para que tanto esforço?
As águas do rio já correm naturalmente
na direção que tu estás empurrando.
Apenas fiques atento e percebas!
Tudo está funcionando
e no seu exato lugar.
Mergulhes no rio e desapareças nele.
A partir desta entrega
a consciência nasce,
a foz do rio se torna o seu coração,
a correnteza, as tuas ações,
tudo no mais belo e glamoroso silêncio...

Pares de buscar!
Tu terás uma grande surpresa,
um encontro com a liberdade.
Buscas a felicidade no amanhã,
é por isso que nunca a encontras.
Ela está disponível a ti agora.
Buscas o amor em outro,
amar está além da busca,
amar o outro é o que tu és.
Buscas Deus após a morte,
e te esqueces que a vida é Deus.
Ele está em cada respiração tua,
no vôo dos pássaros,
no sorriso de uma criança,
na chuva, no sol, no vento,
em cada gesto, em cada olhar.
A busca é um artifício da mente
para fugir da própria vida...

Aquilo que é certo,
a morte,
levará embora tudo o que juntastes.
Então, por que continuas a juntar?
Sejas natural e puro!
Dividas o que conquistastes com os outros.
Dês aquilo que tu és para todos os seres.
Amor, compaixão e felicidade.
A vida é eterna para quem vive.
A morte só existe de fato
para aquele que pensa que vive,
mas, na verdade, não é capaz
de desfrutar de uma única respiração...

A chave para uma vida
feliz, livre e harmoniosa
é o **equilíbrio**.
O estado oceânico renasce exatamente aí.
Sintas o gosto dele.
Desfrutes dele.
Caminhes pelo meio.
Se um pássaro tivesse suas duas asas
em apenas um dos lados de seu corpo
não seria capaz de voar.
Ou seria?...

A transformação
não está em mudar o que é visto.
Está em mudar aquele que vês.
Não está no acúmulo de conhecimento.
Está no teu deslocamento
para a consciência.
A palavra quando diz coração
é apenas uma informação.
O coração quando diz qualquer palavra
torna-se clareza e beleza
guiadas por uma motivação sincera
de beneficiar todos os seres.
É capaz de multiplicar os pães,
capaz de dissolver **poeira em ouro**.
Transformar raiva, apego e dor em amor...

A verdadeira religião
está além de dogmas e doutrinas.
Ela é uma **experiência**
que nasce de uma **pura** consciência.
A consciência de que
no centro de cada ser
há amor, compaixão e felicidade plenos.
Este centro oceânico
deve ser compartilhado
com a natureza e com todos os seres,
contribuindo para que
o mundo e a existência
sigam no caminho da paz e da graça...

Não tenhamos medo!
Sigamos o caminho do amor.
Tornare-mo-nos consciência e luz.
Para isso,
é necessário saltarmos além da correnteza.
No início,
haverá dor e confusão, lado a lado
com uma sensação de felicidade,
amor e liberdade
nunca antes experimentadas.
Uma motivação de confortar
e amar a todos.
Não é fácil nos desfazermos do ego,
dos desejos, das ilusões, das posses.
Estamos vivendo assim
por muitas e muitas vidas.
O modo como pensamos e levamos a vida
é a nossa real prisão.
O que pode nos acontecer?
Morrermos?
Nós nem nascemos ainda!...

Assim como o fogo que só pode queimar,
o amor só pode amar.
Como o amor pode fazer algo diferente de amar?
Todos nós estamos grávidos do amor.
Ele está transbordando em nosso interior.
Porém, desconhecemos isto, então,
o procuramos fora de nós:
nos afazeres, nos pensamentos, nos sonhos,
nas posses e conquistas.
A única diferença que existe é de consciência.
Ao nos tornarmos conscientes,
deixamos de ter sede, pois descobrimos
que estamos dentro da água.
Percebemos que somos amor dentro de nós,
conseqüentemente passamos a amar a todos,
amar a vida.
E, de fato, levamos todos os seres em consideração.
Mas, não sejas parcial.
Não tires conclusões precipitadas.
A conclusão é inconsciente.
A inconsciência diz:
"Se eu me encontrar, depois eu encontro os outros".
"Se eu encontrar os outros, depois eu me encontro".
No estado de consciência não há separação.
Tudo é uno!
Encontrar a si mesmo é o mesmo que encontrar
os outros...

Religião significa continuidade, simplicidade.
Tu tens que respirar religiosamente,
continuamente,
caso contrário, não viverás minutos.
Não requer esforço.
É simples!
Tu tens que te alimentar religiosamente,
continuamente,
caso contrário, não viverás dias.
Isto nos torna um com a existência,
pois todos os seres, sem exceção,
precisam respirar e se alimentar.
E isto são só dois exemplos!
Mas nos despertam para a comunhão e para
a verdade de que todos somos iguais e unos.
Assim, nasce a compaixão por todos os seres.
Deus acontece em ti.
Pois tu não te vês separado de nada,
de teus pensamentos e ações,
de uma árvore sequer,
de uma gota de água,
do pôr-do-sol.
A religião é a própria vida.
E a vida está além de uma prática só aos
domingos...

Será que as árvores choram
ao ver suas folhas e flores
caírem no outono?
Acredito que não!
Elas estão plenamente satisfeitas
tais como são
– Árvores –
Elas vivem a **infinitude** de ser árvores.
Pois só vivendo essa infinitude
é que nasce a consciência
de que o todo faz parte delas.
Um peixe também está
plenamente satisfeito em ser um peixe.
Um pássaro, uma rosa vivem essa
infinitude belíssima.
E nós, seres humanos, estamos
plenamente satisfeitos?
Queremos sempre mais, mais e mais!
Mais o quê?!...

A terra prometida, o paraíso perdido, o céu.
Um lugar repleto de flores, árvores, animais.
Um campo infinito cercado de montanhas,
rios, mares e cachoeiras. Um vento calmo,
sereno, aliado a um ambiente repleto de
amor, paz e felicidade.

Está tudo aqui disponível para ti.
Sempre esteve e estará contigo ao partir daqui.
A vida é uma recompensa por si só e não o
céu uma recompensa para a vida.
O céu é uma continuidade da vida.
Aqui há flores belíssimas, árvores que
dançam com o vento e animais maravilhosos.
Aqui há também campos tão celestiais
como os dos céus, montanhas
que tocam as nuvens, rios, mares e
cachoeiras puras e profundamente belas.
Aqui há amor em abundância,
paz e felicidade inesgotáveis.
Tudo isto está além de tuas tarefas,
problemas, perdas e conquistas.
Pares um pouco de correr
e essa **recompensa** estará presente em ti,
agora e depois desta vida.
Se tu não perceberes tudo isso aqui,
quem garante que irás perceber
quando daqui partires?...

A felicidade
não precisa de nenhuma
explicação ou razão.
A felicidade é
além de qualquer **explicação ou razão**.
Quando tentas explicá-la
ou dar alguma razão a ela
tu já perdestes a tua profundidade.
Ela escapou de você.
Ela passa a estar contigo e deixa de te ser.
Um estado é como um dia quente,
hoje pode estar calor,
amanhã pode estar frio.
A felicidade
não precisa de nenhum porquê...

Tu estás sem tempo
para te deliciares com a vida?
Para perceberes o quão bela
é a natureza todos os dias?
Para assistires o pôr-do-sol?
Para ajudares e amar os teus semelhantes?
Quando partires desta vida, terás tempo
suficiente para tudo isto, não é mesmo?
Não!
A questão não é tempo, é consciência.
A vida, os dias, cada segundo
é como uma deliciosa **sobremesa**.
Doce, macia, bela!
Saboreie-a!
Delicie-a o máximo que puderes.
E nunca te esqueças que todos os outros,
incluindo aqueles que não se parecem
contigo, querem e têm
o mesmo direito que tu.
Respeite-os, ajude-os e ame-os
também ao máximo.
Não é assim que gostarias de ser tratado?...

A finalidade,
o significado da vida
não estão no final,
estão no processo,
não tenhas pressa!
Não há aonde chegar!
Vivas cada respiração
com êxtase e alegria,
como uma graça, um milagre,
pois ela o é.
Cada passo representa o céu
que te levará ao próprio céu...

Tu nunca estás em ti.
É por isso que o amor e a felicidade
sempre te escapam.
O amor e a felicidade são atemporais,
são agora.
Mas tu estás amanhã ou ontem,
tu amastes ou amarás,
tu fostes feliz ou serás.
Tanto o amanhã como o ontem
podem ser medidos, são temporais.

Esteja em ti com esplendor,
Aqui e agora.
Não importa se estás varrendo
ou descascando uma laranja, ambos são
oportunidades sublimes e meditativas.
E então, tu te reencontras.
Sem tempo, sem ansiedade, sem mágoa,
apenas amor e felicidade...

Nada pode atingir ou afetar
aquele que não está.
A flecha se cansa de buscar a árvore e cai
ao chão.
A árvore está vazia,
em perfeita harmonia
com o infinito e o silêncio.

Só há paz, amor e liberdade
em teu coração.
Quando perceber isto,
estarás em casa sempre
que um outro ser te pedir auxílio.
Terás saído quando uma ofensa
for lançada ou bater à tua porta...

A vida se torna
um eterno procurar respostas.
Isso ocorre porque insistimos
em procurá-las em portas erradas.
Tu és a resposta!
Não procures fora! Procures dentro!
Não requer esforço, pois tu já estás lá.
Por esta razão,
a meditação é tão significativa.
Ela abre a porta de teu interior.
Ao abri-la,
terás não só encontrado
as respostas que procuras,
mas a vida em sua total plenitude...

O amor verdadeiro e infinito
significa **doar-se**.
Isto é o mesmo que dizer que tu és amor
verdadeiro e infinito.
Ao doar-te, ou seja, ao amar,
tu desapareces.
Passa a não existir nenhum "eu" em ti.
Se não existe um "eu",
quem sente medo ou insegurança?
Quem se machuca?
Quando descobres que és amor e te doas,
acabou a dor, o medo, a insegurança.
Não existe ninguém para senti-los...

Ao voltarmos para **casa**
com as mãos totalmente vazias,
nós nos questionamos e refletimos.
O que está havendo?
De novo isso?
Passamos aproximadamente
cem anos na terra buscando conforto, acu-
mular posses e bens,
para não trazermos nada?!
Algo deve estar errado!
O que achas que está errado?...

Anoiteceu...

...O sol, os pássaros e os homens recolhem-se à espera de um novo nascimento. Enquanto isso, o vento avisa a lua, através de sua brisa e do seu silêncio, para espalhar as estrelas e dar início a mais um ciclo, no infinito belo e mágico mundo da vida...

Valeu a pena?
Não importa, agradeça!

Ricardo Valverde nasceu em São Paulo, capital, em 11 de junho de 1976. É professor da Apae-SP, onde trabalha com pessoas com deficiências mentais. Concomitantemente, acumula atividades de ator de teatro *clown* e de escritor.

Esta última atividade teve início em 2002, com o lançamento de *Caminho do Sol*, seu primeiro livro. Em 2003 publicou outra obra, intitulada *Voando Livremente*.

Budista desde 2000, o autor não esconde a influência da religião em suas obras. Esta influência, em *Oceânico*, é muito evidente, fazendo o leitor mergulhar de maneira profunda e, ao mesmo tempo, sutil em sua filosofia.

Contato com o autor: pipocaro@terra.com.br